CARLE DE RASH

COURSE
EN ITALIE

ROME — TIVOLI — NAPLES — CAPRI — SORRENTE
CASTELLAMARE — POMPÉI — FLORENCE

CROQUIS ET SONNETS DE VOYAGEUR

PARIS

ED. ROUVEYRE ET G. BLOND, ÉDITEURS

98 RUE RICHELIEU 98

1883

REVUE BRITANNIQUE

Janvier 1883

VARIÉTÉS LITTÉRAIRES ET HUMOURISTIQUES

TIRÉ A TRÈS PETIT NOMBRE, SUR PARCHEMIN DES PAPETERIES
DE CLAIREFONTAINE (VOSGES)

Paris. — Typographie A. Hennuyer, rue Darcet, 7.

COURSE EN ITALIE

CROQUIS ET SONNETS DE VOYAGEUR

A. M. D. C.

—

Italia! Italia! ô tu cui feo la Sorte
Dono infelice di bellezza...
FILICAJA. Sonnet 87 (1676).

En route! en avant, *le Rapide!* Nous n'avons pas le vent en poupe comme autrefois; c'est la vapeur que nous avons en proue. Le monde est renversé. Qui sait? Il n'en ira peut-être que mieux! — Allait-il donc si bien?...

En deux temps, nous serons au Mont Cenis ; nous ne le gravirons pas lentement, péniblement, comme naguère encore ; nous allons lui entrer droit dans le ventre — car on le lui a foré bel et bien, de part en part — et nous en sortirons au bout de vingt minutes. Demain, nous serons au cœur de la Péninsule, à Rome!...

Nous y voici. *Evviva l'Italia!*

Ouvrons notre carnet pour y consigner en courant quelques impressions, quelques instantanés. *Meminisse juvabit*, car ces notes — ébauches et débauches — prose et vers — auront au moins pour nous le mérite d'avoir été *vécues*. La prose, piquée de vers, à la vieille mode, peut avoir parfois, à petite dose, un certain ragoût. Cela dépend, il est vrai, du cuisinier. Mais c'est pour nous seul que nous voulons *croquer* et *crayonner*.

Nous ne montrerons notre album à personne ; c'est entendu,
personne n'y mettra le nez.

Et quand le beau rêve sera évanoui, quand nous aurons
repris les quartiers d'hiver, il sera doux de feuilleter ces pages
au coin du feu, en refaisant le voyage par la pensée.

On se dit : « J'étais là... Telle chose m'advint... »
On y trouve un plaisir extrême !

1 — ROME ET TIVOLI.

SALVE, MAGNA PARENS !

Au duc Torlonia, Syndic de Rome.

Je te revois encore, Italie !... Italie,
A qui fut départi le don de la beauté, —
Ce don fatal, que tes poètes ont chanté,
Et qui t'a fait courir le péril de la vie !

Dieu merci, ta beauté ne te fut point ravie :
Tes malheurs inouïs ont plutôt ajouté
A toutes tes grandeurs ! Nous voyons, complété
Par tes deuils, un destin qui tient de la magie !...

Les temps sont accomplis : les jours de Liberté
Sont venus. Le Soleil a percé les nuages :
Il luira maintenant à travers tous les âges !

Rome libre reprend son immortalité,
Qui ne peut désormais jamais être éclipsée :
Car *la nuit de jadis est pour jamais passée!*

Tivoli, 27 mai 1882. Impromptu.

L'ACADÉMIE DE FRANCE A ROME.

Et maintenant, comme autrefois, montons à l'Académie de
France. Nous avons la bonne chance d'y trouver le plus jeune
des *Prix de Rome*, le fils de notre vieux camarade Edouard

Fournier : il nous en fera les honneurs avec sa gentillesse ordinaire, et nos compagnons seront enchantés du pèlerinage.

Où jouirait-on d'une plus belle vue sur la Ville éternelle? Elle y est complète, admirable dans son genre. Il est bon qu'un Français débute par là... Et j'y reviendrai faire une *dernière* station, avant l'Angelus du soir — au belvéder — la veille de mon départ.

> Visitons avant tout la Villa Medici :
> C'est là qu'est le drapeau, c'est là qu'est la patrie !
> Deux amis — la Jeunesse et l'Art — y sont aussi :
> Je te salue, ô France, en ton *Académie !*
>
> Je pense à tes enfants qui coulèrent ici
> Des jours si fortunés — les meilleurs de la vie ! —
> Ceux de l'adolescence exempte de souci
> Et pleine d'une ardeur encore inassouvie.
>
> Ils firent, en dormant ici, des rêves d'or !
> Sans doute, ils n'ont pu tous arriver à Corinthe,
> Et plus d'un a vidé la coupe de l'absinthe...
>
> Mais certains ont aussi pris leur part du trésor,
> Qui fut tien tout entier, ô soleil qui rayonnes,
> O Raphaël, divin poëte des Madones !

Rome, 20 mai 1882.

LE PANTHÉON.

Le Panthéon! Je ne me lasse pas de le contempler. J'y viens faire chaque jour mes dévotions esthétiques — que me gâte seulement un peu ce qui s'y rencontre encore de dévotions ecclésiastiques. Le Paganisme, l'art des Romains de l'Empire, ont seuls ici leur raison d'être. Mais patience, le Colisée est aujourd'hui en partie *déblayé,* et j'apprends que le dôme sublime du Temple d'Agrippa sera bientôt débarrassé, après une pénitence de deux siècles et demi, des deux appendices, des deux « oreilles d'âne » dont l'avait affublé le zèle baroque du fameux chevalier Bernin. Bonne nouvelle ! *Plaudite, cives!* Que Pasquin sera content (1) ! Espérons aussi qu'on se déci-

____

(1) On sait que, lorsque le Bernino eut posé sur le dôme ses deux clo-
chetons et en eut fait ainsi un bonnet d'évêque, Pasquin, et avec lui tous

dera à mettre au rancart cette bourgeoise et agaçante appellation de *la Rotonde.*

> Non, je ne puis souffrir qu'on nomme *la Rotonde*
> Ce qui fut et sera toujours *le Panthéon !*
> Hé ! pardieu, je sais bien que la forme en est ronde :
> Mais c'est LE PANTHÉON ! Laissez-lui ce grand nom !
>
> Car un nom, savez-vous, c'est beaucoup en ce monde.
> Les noms ont leur prestige, et la possession
> D'un beau nom est un titre où la gloire se fonde.
> Peut-on débaptiser les grands chefs-d'œuvre? — Non!
>
> Donc, ce vieux *Panthéon*, il est incomparable !
> Quel grandiose simple, et, partant, véritable!
> L'Antiquité revit dans son portail d'airain !
>
> Sa coupole est vraiment une voûte céleste !
> Bernin la profana : son crime est manifeste :
> On va les lui couper, *ses oreilles!*... Enfin !

Rome, 26 mai.

TIVOLI ET LA VILLA D'ESTE.

C'est fête à Tivoli, pour nous recevoir. Et quelle réception ! quelle fête (1)! On croit voir surgir de tous côtés les divinités champêtres ; il semble qu'on aperçoit des hamadryades errant dans les bois d'oliviers, dans les bosquets ; qu'on entend des chœurs de sirènes dans ces eaux vives, courant, *cascatel-*

---

les Romains, les appelèrent tout aussitôt *les Oreilles d'âne du Bernin,* sobriquet qui a eu cours depuis lors. Il était temps d'y mettre ordre.

(1) Il s'agissait d'une excursion organisée par le Syndic et le Municipe de Rome en l'honneur du Congrès littéraire international, qui venait de tenir sa Cinquième session annuelle sous la présidence du commandeur Paolo Ferrari, de Milan, le Sardou de l'Italie contemporaine. Après une soirée dans le Musée du Capitole, éclairé *à giorno ;* après une représentation de gala au Théâtre Costanzi, et une après-midi consacrée à la visite du Forum et du Palatin, sous la conduite de M. le sénateur Rosa, qui avait voulu nous en faire lui-même les honneurs, nous étions emmenés, pour clore la semaine, à Tivoli, par M. le duc Torlonia, et nous y trouvions un accueil charmant de la part du Syndic et du Député de cette aimable ville, autour desquels se pressait toute la population en liesse.

lant de toutes parts. Mécène a bien fait les choses ; il a déployé toutes les magnificences. C'est une féerie sans pareille que le spectacle des grandes cascades, des gouffres, des cavernes, aux feux de Bengale, avec le petit temple qui les domine. On est dans les Cercles mêmes de l'Enfer dantesque !... Et quel bouquet d'artifice que cette petite guerre allumée soudain sur le Monte-Catillo ! Tout cela est inoubliable, comme les classiques souvenirs de cet adorable lieu de plaisance.

Tibur ! Voici Tibur, voici le val ombreux
Qu'Horace (1) préférait à tout, à Mitylène,
A Corinthe, à Tempé la belle Thessalienne !
Tibur, site chéri des hommes et des Dieux !

L'Anio vient écumer en flots tumultueux
Sous les hauts sommets d'où la Sibylle romaine,
En son temple charmant, règne sur son domaine :
C'est un *Hubert-Robert* des plus majestueux.

Changement de décor : non moins beau, sans conteste.
Nous faisons quelques pas, voici la Villa d'Este,
A l'heure d'un coucher de soleil souverain.

Quel palais ! Quels jardins étagés ! Quels espaces !
L'or liquide ruisselle à travers les terrasses :
Nous marchons, éblouis, dans un *Claude-Lorrain !*

Tivoli, 27 mai.

Aussi bien pourrions-nous, à ces deux toiles de maître, en ajouter une troisième, également de la grande École française. La campagne, qui s'étend à perte de vue, et à l'horizon de laquelle se montre, imperceptible, le dôme de Saint-Pierre, est un de ces grands paysages, largement *composés* et *reposés,* qui ont immortalisé notre Nicolas Poussin (2).

---

(1) Hor., Od. I, 6. *Laudabunt alii...*

(2) Ne semble-t-il pas que Properce, en peignant la nature, ait précisément décrit un de ces paysages du maître : *Ramosis Anio qua pomifer incubat arvis?* etc. (IV, 7).

II. — NAPLES ET LE GOLFE.
CAPRI, CASTELLAMARE, POMPÉI, FLORENCE.

I

EN DÉBARQUANT. — MONS VESUVIUS. — INVECTIVES MOTIVÉES. PALINODIES.

Quel charme infini a cette vue du Vésuve, détachant sur l'horizon sa longue et élégante silhouette, jetant au vent le panache de sa fumée bleuâtre! Mais on attend d'un volcan bien élevé quelque chose de plus, et le voyageur qui a espéré feu et flammes, surtout quand vient le soir, est désappointé, furieux, de n'avoir affaire qu'à un sommet tout à fait calme et bénin, comme il l'est présentement.

> J'arrive à Napoli par un beau clair de lune,
> Pour revoir ce géant, languissamment penché,
> Qui sur Herculanum s'est jadis épanché. —
> Me réservera-t-il quelque bonne fortune?
>
> Il fume dans le bleu, suivant sa loi commune,
> Mais son joli plumet n'est guère empanaché,
> Son fourneau peu chargé. Bref, il n'a pas cherché
> A me complaire! Car le gueux fume à peine une
>
> Cigarette!... Pas même un cigare!... Ah! gredin !
> Où sont de saint Janvier les aimables parentes,
> Pour déverser sur toi leurs foudres objurgantes?...
>
> La nuit vient. Bast! Pas plus de feu que sur ma main !
> Mort et damnation !... « Racine » de Vésuve !
> « Polisson ! » dis-je. Affreux classique !... Vieille cuve !
>
> Chiaja, 30 mai.

Nous eûmes bientôt gagné Castellamare, Nous y avons couché, nous y avons retrouvé le terrible Mont et son ardent cratère, qui s'illumine du côté de Nocera et de Sarno. Alors même qu'il semble si pacifique, on voit qu'il ne s'oublie pas et qu'il prépare sourdement de nouvelles hostilités... Nous voilà donc presque réconciliés.

Vesuvius, vu de Castellamare.

Faisons la paix, mon vieux ! Excuse mon erreur.
Tu m'avais fait l'effet d'une vieille guitare ..
Il fallait donc venir jusqu'à Castellamare
Pour voir tes feux tournants et ta rouge splendeur.

Que ne le disais-tu ? Tu m'as rendu frondeur.
Je te savais quinteux, je te savais barbare ;
Mais je comptais au moins voir briller ton grand phare
Au poste séculaire où se fait ton labeur... .

Tu m'as caché ton jeu : soit ! — Sous ton diadème,
Te revoilà, superbe et semblable à toi-même,
Artificieux roi des monts et des démons !

Tartuffe de douceur, faisant la chattemite !
Grand félin ! diable noir, jouant au bon ermite !
Dieu de guerre et de paix, et vrai JANUS-BIFRONS ! (1)

Castellamare, 1er juin.

Vesuvius, vu de Pompéi.

J'ai voulu de plus près te voir couler ta bave,
Brigand napolitain, au chef toujours fumeux,
Qui portes hautement ta couronne de lave
Et par tant de méfaits t'es rendu si fameux !

Ces Pompéiens, ces chers artistes, au cœur brave,
Ces doux fils de Vénus, charmants voluptueux,
Qui sur ton flanc perfide occupaient une enclave,
Comment as-tu bien pu — Cyclope monstrueux —

En un clin de ton œil, et d'un coup de ta masse,
Les écraser ainsi, mettre à néant leur trace,
Leur faisant de ta cendre un éternel tombeau !

Eternel? Non ! — Bourreau, tu comptas sans ton hôte :
Un jour viendra — qui ne te peindra pas en beau ! —
La victime exhumée éternise ta faute !

Pompéi, 2 juin.

---

(1) Le Vésuve rappelle effectivement la silhouette du pétase antique qui couronne le chef du Janus-Bifrons, sur la face des vieux *as* de la République romaine.

II

POMPÉI.

Post bis quindecim annos!

Est-ce bien vrai, qu'après tant de temps révolus,
De trônes écoulés — (grâce... à *la Belle Hélène !*) —
Je revois Pompéi?... J'y suis ! Je m'y promène,
Et contemple ton œuvre, ô Mons Vesuvius !...

Seul (de mes compagnons d'antan aucun n'est plus !),
Solitaire, et sans même un guide qui me gêne,
Je visite à pas lents la ville-phénomène,
Oscura camera de mondes disparus !

Ah ! quels graves pensers ce spectacle suggère !
Autrefois surtout, quand, dans ce grand cimetière,
On suivait, pour entrer, la *Via des Tombeaux.*

Le Progrès, devant qui, même ici, tout s'incline,
Fait qu'on prend aujourd'hui par la *Porte Marine.*
C'est bien, très bien... Mais... *mais où sont nos vieux tableaux ?...*

Pompéi. 2 juin.

INTERMEZZO.

Nous souhaitions une bonne fortune : hé bien, en voici
une ! Il est quatre heures et demie. L'après-midi est splen-
dide, comme la matinée. Tout à coup, pendant que nous tra-
versons les champs de labour qui recouvrent encore les deux
tiers de la ville phlégréenne, afin de nous rendre à l'Amphi-
théâtre, l'air s'assombrit, de noires et formidables nuées
s'amassent en gros bataillons autour du Vésuve, de la Somma
et des autres cimes environnantes. Les éclairs, les détonations
se succèdent : c'est un branle-bas de combat dans l'Empyrée..

Vain simulacre ! Au bout de trente minutes, le champ de
bataille céleste est déplacé, l'émouvant fracas a cessé, la paci-
fication est complète, et le coucher du soleil va être plus
beau que jamais. Je suis déçu, mais ravi.

« Oui, c'est le sort ! Tout change. Hélas ! surtout nous-mêmes !
« L'infatigable Mort nous enterre vivants !
« Elle se moque bien de tous nos stratagèmes
« Et saccage à plaisir nos songes décevants !... »

Ainsi je méditais sur les chutes suprêmes
Des hommes, des cités... Soudain, les quatre Vents
Du ciel accourent, comme autant de Polyphèmes,
Et couronnent les monts de nuages géants.

L'air gronde sourdement. — Quelle est cette colère ?
Vesuvius va-t-il rouvrir la grande guerre ?...
C'est sublime ! effrayant !... Je me sens agité...

Mais non. Bientôt tout passe et tout se rassérène.
L'orage est loin... — Grands dieux ! La belle mise en scène !
Pourquoi le Machiniste a-t-il tout arrêté ?...

Ah ! quel concert que ce magnifique vacarme ! Quelle poésie !

Or, je viens d'éprouver ta puissance, ô génie
D'un grand musicien, tel que fut Rossini ! —
Tandis que ce spectacle, en haut, dans l'infini,
Exaltait mes esprits, et que la Symphonie,

Superbe, accompagnait une pyrotechnie
Sillonnant en tous sens le firmament bruni,
Savez-vous — au milieu du grand brouillamini —
A quoi me fit songer toute cette harmonie ? —

J'entendis les accents qui, dans *Guillaume-Tell*,
Déchaînent tout à coup l'helvétique tempête,
Quand la fière Ouverture inaugure la fête.

En moi je retrouvais tous les échos du ciel :
Et la Nature et l'Art à qui mieux mieux grondèrent,
Concertèrent ensemble et s'entre-pénétrèrent !

Pompéi, 2 juin.

La Belle-au-Bois-dormant.

Soyons tout au tableau qui saisit notre vue :
Qu'imaginerait-on de plus prodigieux ?
Une ville durant des siècles disparue :
En fait de bibelots, c'en est un . . précieux !

Pompéi ressuscite, en effet, rue à rue
Et maison à maison... — On n'en croit pas ses yeux : —
Après dix-huit cents ans, une cité perdue
Est tout à coup rendue à la clarté des cieux !

Chaque chose est en place : on s'attend à voir l'hôte.
Ici c'est le Théâtre : on vient d'y jouer Plaute.
Partout repos profond, — silence ensoleillé !

La Belle-au-Bois-dormant est donc là qui sommeille?...
Chut ! allons doucement, de peur qu'elle s'éveille. .
Et cheminons debout, *en ce rêve, éveillé!*

2 juin.

Il faut partir !

Je quitte Pompéi, — non par *ferrovia*,
Moyen de cheminer que, certes, j'apprécie, —
Mais combien j'aime mieux la Via Appia :
Car ce n'est point d'*express* qu'ici l'on se soucie !

Je veux reparcourir Torre-Annunziata
Et Torre-del-Greco ; même, avec minutie,
Embrasser du regard Portici, Resina,
Ces réseaux de faubourgs que Naples s'associe

Et que Vésuve abrite et menace à la fois. —
On ne peut vous laisser qu'avec mélancolie,
Lieux enchantés, où l'âme est prise de folie,

Où l'on vit dans l'éther, où l'on entend des voix,
Où l'on reste captif chez une enchanteresse...
Et qu'on ne quitte enfin... qu'*à petite vitesse !*

3 juin.

III

A NAPLES.

Au Café de l'Europe.

Qui ne s'est régalé, à Chiaja, à la Marinella, aux cafés de
la Via Roma (*già* Toledo) ou autres, de ces délicieux sorbets
et granites qu'excellent à confectionner les glaciers napoli-

tains?...Mais il n'est certes pas donné à tous les consommateurs
d'être troublés, dans la dégustation de leur sorbet, par une
de ces visions exceptionnelles, presque miraculeuses, qui, si
elles se renouvelaient à volonté, seraient de nature à enfanter
d'ardentes dévotions et de sérieux pèlerinages !...

I. Vous connaissez la glace à la Napolitaine,
    Et le granite *idem ?* Mais connaissez-vous bien
    Ce qu'est un *spumone* vraiment napolitain ? —
    C'est une pure essence, un élixir de reine,

    Un chef-d'œuvre accompli de l'industrie humaine ;
    Le parfum que distille une rose, au matin,
    Entr'ouvrant au Soleil sa robe de satin
    Où l'indiscret Zéphyr va baignant son haleine ;

    Enfin, n'est sous le ciel un plus divin nectar!
    Ah! je voudrais vous voir y goûter... — Mais que dis-je ?...
    Tout en le dégustant, quel charme, quel prodige

    Apparaît à mes yeux ? Quel miracle de l'Art
    Me fait tout oublier et prend toute mon âme?...
    — Le plus divin nectar, c'est... l'aspect d'une femme!

II. Une femme... Pardon! J'entends l'être idéal,
    Des pieds jusqu'à la tête... une femme... jolie ;
    Céleste échantillon de la grâce accomplie ;
    Belle de tous les dons du prince Floréal ;

    Enchaînant tous les cœurs à son char triomphal ;
    Circé, changeant soudain la Sagesse en Folie,
    Et traîtresse — bientôt peut-être — à qui s'y fie !...
    Malgré tout, n'est sur terre un plus gent animal !

    Telle l'éblouissante et brune enchanteresse
    Qui vient de me plonger dans une douce ivresse,
    Rien qu'en allant s'asseoir à quelques pas de moi.

    J'ai pris mon *spumone*, dont je vantais les charmes ;
    Je la vis apparaître, et lui rendis les armes... —
    Puis tout a disparu... — Mais toujours je la vois !...

Naples. 31 mai.

IV

STRADA DEL MOLO.

A Napoli, gare, gare aux pick-pockets ! Mot anglais, chose
cosmopolite — et tout spécialement napolitaine. Les enfants
de Parthénope ont ce privilège que, chez eux, la vocation
s'affirme dès l'âge le plus tendre. « *Le voleur* n'attend pas le
nombre des années », comme a dit (ou à peu près) le grand
Corneille. — Nous venons d'être témoin d'une petite aventure
qui se reproduit ici à chaque instant.

> Nous allions vers le Môle et nous causions tous deux,
> Mon compagnon et moi. Je venais de lui dire
> Qu'il prît garde à sa poche et qu'il eût deux bons yeux,
> Trois plutôt, comme avait pris soin de le prescrire
>
> Notre hôtelier expert, toujours prêt à décrire
> Les mille habiletés de ces Scapins pieux,
> Lazzaroni d'état, qui, n'ayant rien à frire,
> Allègent le prochain de fardeaux trop nombreux !
>
> Je parlais... Un bambin de six ans (petit ange !),
> Nous ayant admirés d'une façon étrange,
> Près de mon compagnon se glissa, pour mieux voir
>
> Sans lui-même être vu — (donc, rien de Galatée) —
> Et voyant une poche aussi, l'avait tâtée...
> Bref, ce cher petit ange... avait fait le mouchoir !

Naples, 1er juin.

V

L'ULTIMO CORRICOLO.

Mœurs et costumes s'en vont ! comme les dieux, comme
les rois ! Même en Italie, tout s'égalise, se démocratise,
s'*américanise* (un Italien vient d'employer le mot) — dans les
grandes villes surtout et aux environs. Les tramways achèvent
ce qu'avaient commencé les chemins de fer : ne nous en plai-
gnons pas trop ! Aussi bien, la belle nature demeure, et c'est

la grande affaire. — Certaines cérémonies, les enterrements
par exemple, gardent pourtant encore un caractère local.

Je viens de rencontrer une drôle de chose :
Un convoi sérieux — rien du chemin de fer —
Convoi *qu'on voit* partout où l'être mortel pose,
Et qui le plus souvent le *convoie* à l'Enfer,

Dit-on ! — Lugubre ailleurs, ici c'est tout de rose !
Ça rappelle la Foire et pense avoir grand air.
Oui, voilà bien ton char, brave Fontanarose !
L'or s'y relève en bosse : on croit t'y voir, tout fier,

A ton peuple ébahi racontant tes prouesses. —
Vingt cagoules sont là, blancs de la tête aux fesses,
Pour honorer le mort... (Autant de *Crespini !* —

La *Commare* s'en rit sous cape, — et moi, de même).
Scène abracadabrante et grotesque au suprême !
Y faut voir Napoli — mais point n'y faut mouri'! ...

Naples. 1er juin.

Contraste.

A Florence, la Mort a bien le caractère
De la mort. — Pasquin ni compère Crispin
N'ont encore altéré cette empreinte sévère
Que l'on doit respecter sur le front qu'elle a ceint.

J'ai vu passer, piazza... (je ne sais plus quel saint),
Un cortège bien simple, un convoi populaire,
Mais digne du pinceau d'un maître florentin.
Par le ton sobre et mat et par la ligne austère :

Des pénitents en noir, capuchon rabaissé,
Une dizaine au plus, portant une litière,
Sans nul des oripeaux de tout char mortuaire.

Litière est bien le mot : le pauvre trépassé
(*L'heureux*, dis-je !) est dessus, la face nue et blême,
Où le signe est marqué de la lutte suprême !

Florence, 7 juin.

VI

LA GROTTE D'AZUR ET CAPRI.

(Sonnet capricieux, et même un peu capricant.)

Nous avons pénétré dans la Grotte d'Azur,
Et, sur le lac mignon de ce radieux gouffre,
Nous avons navigué dans un bleu clair-obscur,
Clapotant sur des flots de phosphore et de soufre,

Comme en enfer... Mais on est là dans l'éther pur !
Vrai Cercle des élus, où, bien loin qu'aucun souffre,
On ressemble au gourmet savourant un fruit mûr,
Et... (le diable m'emporte, avec ma rime en *oufre !*)

Puis, nous avons cinglé vers le port de Capri ;
Nous nous sommes perchés dans une hôtellerie,
A mi-côte. La salle, ouverte en galerie,

Est comme une loggia suspendue, — un abri
Côtier — bien planté là pour l'être romantique
Qui veut jouir en paix d'un spectacle féerique !...

1er juin.

Oui, Capri est le meilleur observatoire pour contempler face à face toutes les splendeurs du Golfe parthénopéen, de cet immense écrin de saphirs, d'émeraudes et de rubis, dont Naples est le joyau central, et dont le seigneur et maître est... Mons *Vesuvius.* Pour les Capriotes, cet incomparable paysage est bien le cadet de leurs soucis ! Ce qu'ils ont à cœur, eux, c'est le sang de leurs vignes ou la légende de leur ami Tibère, dont certaines belles filles du crû se targuent d'être arrière-descendantes, en ligne directe, par les concubines impériales. Et qui pourrait, en effet, les contredire ? Avec ou sans parchemins, où la vanité généalogique ne va-t-elle pas se nicher ! C'est que Tibère, ici, avec les débris de ses douze palais, remplit toute leur histoire, toute leur pensée.

Sa légende s'est singulièrement épurée en vieillissant : Tibère est pour les Capriotes (comme saint Janvier, le Saint d'en face) presque un Père de l'Eglise. On lui élèvera (qui sait ?) peut-être

un temple, quelque jour ! — Capri est sous son invocation :
Sancte Tiberi, ora pro nobis !

> Te voilà donc, Capri ! noir rocher de Tibère,
> Que Maxime du Camp nous dépeignit si bien,
> Du temps qu'il n'était pas académicien
> Et qu'à la bonne Dame il ne songeait à plaire...
>
> Tant s'en faut (1) ! — Vous voilà, ruines du repaire
> Où le vieil empereur, le grand paillard païen,
> Préluda dignement au règne néronien
> Et montra ce que peut un maître de la terre,
>
> Ce qu'il peut pour le mal, quand il n'est plus qu'un chien,
> Un chien bipède — ayant pour l'instinct troqué l'âme :
> Vile incarnation du *delirium* infâme !...
>
> Bah ! qu'importe ! Aujourd'hui, ce Tibère n'est rien
> Moins qu'un vrai « petit saint », le « patron » de cette île. —
> Ainsi vont de concert l'Histoire et l'Evangile !

VII

LA « CONCA DI MADREPERLA » VUE DE CAPRI (2).

Quelle *gouache* ravissante ! Quelle *aquarelle* délicieuse
s'étale à nos regards !

> Suivons de l'œil, là-bas, ces rivages où l'onde
> Aux reflets lumineux va se perdre en riant
> Et reprend aussitôt sa course en folâtrant...
> Quel tableau ! Certe, il est presque unique en ce monde.
>
> Au centre, Parthénope, à nulle autre seconde,
> Dansant la tarentelle au pied de son volcan,
> Toujours prête au plaisir, toujours la plume au vent :
> Fille du beau Phœbus et de Vénus la blonde !

(1) L'ILE DE CAPRI (*Revue des Deux Mondes*, t. XLI, p. 868 (15 août 1862).
— Nous avions en mains le volume : *Orient et Italie, souvenirs de voyages*
(Didier, 1868), où ces pages se trouvent reproduites.

(2) Si Palerme a sa Conque d'Or (*Conca d'Oro*), la sirène Parthénope est
elle-même une Conque de Nacre, et nous donnons à son Golfe, diapré
de toutes les couleurs du prisme, ce nom qu'il justifie si bien !

Sur ses flancs, d'un côté, vous apercevez là
Le golfe calme et doux de l'antique Baïa.
A droite, comme au bord d'une coupe enivrante,

Emerge, en belvéder, la charmeuse! Sorrente,
Où l'oranger fleurit, et que ne peindrait pas
Le plus prestigieux de nos Panoramas!. .

1er juin.

VIII

AU PANORAMA NAPOLITAIN :

L'Ultimo Giorno di Pompei.

Dubiam traxit sententia mentem.
CLAUD.

O Destins! O problème archi-problématique!
Que font-ils donc là-haut, les Dieux, au firmament?...
Finir ainsi, soudain! Quel sort mélancolique !
Quel drame, ô Pompéi, que ton écrasement!...

Tu jouissais en paix, aimable République,
Sous ton vélum d'azur couchée indolemment...
Un dieu jaloux, Pluton, le roi sombre et tragique,
Te secoue et t'inflige un avertissement (1).

Puis Vulcain, vieux sournois, chauffe à blanc sa fournaise,
Et bientôt sur ta tête il fait pleuvoir sa braise :
Il t'en fait un linceul... Voilà ton *Dernier Jour*,

O Pompéi! cité vivante ensevelie !
— Que penser de la Mort? Que croire de la Vie?
Et pourquoi CELLE-LA vient-elle *avant son tour?*...

Naples, 4 juin.

IX

AU GRAND THÉATRE DE FLORENCE,

Le Politéama.

Pendant qu'on enterre, à Paris — dans les discussions des
commissions, ou... dans les cartons — l'éternelle question

---

(1) On sait que, l'an 63, un tremblement de terre avait presque détruit
Pompei, qui était en bonne voie de restauration, lorsque le 23 novembre 79,
Mons Vesuvius mit définitivement ordre à ses affaires.

de l'Opéra populaire, on a fait mieux à Rome et à Florence : on l'a résolue en fait ; on a créé les théâtres de Costanzi et du Politéama, vastes salles, fort simples, où l'on voit, où l'on entend parfaitement à toutes places, et qui les comptent par trois mille et sept mille, ces places, rendues accessibles à toutes les bourses. Nous venons d'y entendre *Faust*, *il Barbiere*, *Crispino e la Comare*, montés comme on ne saurait plus le faire à notre *admirable* Académie nationale de musique. Nous venons de voir, au Politéama, ce ballet ébouriffant, *Excelsior*, qui fut créé naguère à Milan, et qui sera bientôt, nous dit-on, implanté dans la capitale du monde civilisé, pour inaugurer les délices d'un nouveau paradis... terrestre (1). On ne connaît pas encore à Paris ces sortes de kaléidoscopes vivants et mouvants, ces immenses machines automatiques qui donnent le vertige, et qui sont les produits privilégiés du Milanais, comme le macaroni et la polenta.

> A Florence, un ballet (magnifique et cocasse,
> Cocasse et magnifique !) ayant nom : *Excelsior*.
> C'est ici qu'il faut voir comme on se décarcasse !
> On est chez Nicolet : de plus fort en plus fort !
>
> Quels éblouissements ! Que d'argent et que d'or,
> De jambes et de bras voltigeant en l'espace,
> Sous le commandement du capitan Fracasse !
> Bref, un fourmillement de mâts dans un grand port !
>
> Benserade en rondeaux mit l'Histoire romaine :
> Ce ballet, *ballando*, peint la Science humaine,
> Le Travail, le Progrès, les Bateaux à vapeur,
>
> Et les Chemins de fer, allant un train du diable,
> Et Suez, et le Gothard, et l'électrique Câble...
> O le savant ballet ! — savant... à faire peur !

6 juin.

(1) On vient, en effet, au moment où nous mettons sous presse, de représenter, à l'*Eden-Théâtre*, cette pièce philosophico-scientifico-chorégraphique, où l'Obscurantisme et le Progrès luttent ensemble avec acharnement, à coups de trucs et d'entrechats.

X

EGLI FU !

Siccome immobile…
Manzoni.

Qu'on dise ce qu'on veut, et que les politiques
(Qui n'ont pas cependant le droit d'être si fiers !)
Débitent gravement leurs sentences gothiques,
Qu'ils ânonnent entre eux des *Avés*, des *Paters*,

Soit ! — Je comprends, hélas ! leurs cris mélancoliques
Et compatis, peut-être, à leurs pensers amers…
Mais ont-ils bien le sens des temps démocratiques,
Où pour les vieux renards les raisins sont trop verts ?…

Naple allait jubiler, danser la tarentelle,
Illuminer, Dieu sait !… Quand survient la nouvelle :
GARIBALDI *n'est plus!*… — Tout plaisir est mort-né.

La nation se sent profondément atteinte.
L'illumination tout soudain est éteinte
Avec le légendaire et grand illuminé !

Naples, 4 juin.

XI

NUIT DANS L'APENNIN.

Per amica silentia lunæ.

La nuit, ce sont partout nouveaux enchantements :
Dans les champs, aux buissons, partout les lucioles
Qui se livrent, dans l'ombre, à leurs déportements. —
De quoi je ne saurais blâmer ces bestioles,

D'autant que leurs amours sont vraiment des plus folles
Et que l'on est en tiers dans leurs ébattements. —
Quelle ardeur en leurs jeux et quelles cabrioles !
Le ciel est sur la terre : il pleut des diamants,

Des étoiles !… On croit voir mille eaux jaillissantes,
Etincelles, lueurs blanches, éblouissantes,
Scintillant à foison : la verdure est en feu !

Je me dis : « Mais quel est donc l'Auteur de ces choses ?…
« A coup sûr, c'est l'Auteur des femmes et des roses…
« Et si c'est le Néant, ma foi, c'est un grand Dieu ! »

9 juin.

XII

A LA FRONTIÈRE.

Cras iterabimus æquor...

Vieux « réserviste », hé bien, j'ai fait « mes vingt-huit jours ! »
Pour une fois encor j'ai battu la campagne,
La breloque peut-être ! Au jeu de Qui-perd-gagne,
On risque quelque argent : il rapporte toujours.

Car c'est bon, voyager ! — Ah ! les plus beaux discours,
Ceux du major Teufel ou de Bismark-le-Magne,
Tant vantés des savants de la docte Allemagne,
Ne donnent si bons fruits qu'un voyage au long cours

(Ou même au cours moins long) dans la belle Italie,
Parmi les merveilleux défilés de l'Ombrie
Et sur les grands chemins de Rome et d'Hannibal !

Voyager, c'est jouir, c'est vivre, c'est apprendre !
Or, pour apprendre, il sied de ne pas trop attendre. —
Mais, même en faisant tard, on ne fait pas si mal !...

Turin, 10 juin.

Finit' è la *Commedia*,
Laqual se tanto costa
Per che'l lettor l'udia,
Non l'avrò *fatto apposta*.

APPENDICE

VENISE

(Echo d'une Course antérieure.)

AUX AMIS ED. CH., RENCONTRÉS DANS SAINT-MARC LE 16 OCTOBRE 1869.

> *Eravano con* LUI
> *Ed'*EGLI *con noi slava !...*

. . . .

Italie, en t'aimant, oh! qu'il fait bon de vivre !
Et qui t'aime d'amour peut-il fermer le livre
Et n'y pas revenir, pour le rouvrir encor
    A VENISE, ce *feuillet d'or?...*

    Car la Ville Éternelle, ROME,
    — On l'a dit avec vérité (1) —
C'est, dans son imposante et triste majesté,
    Un chef d'œuvre *fait de main d'homme :*
ROME, c'est ici-bas la maîtresse-cité...

    Mais VENISE !... VENISE !...
C'est le rêve, longtemps rêvé, qu'on réalise !
    C'est l'Arc, au ciel bleu, qui s'irise !
    C'est Diane en son bain surprise
    — Chasseresse au disque argenté —
    Qui pour Actéon s'humanise,
    Laissant admirer sa beauté !
C'est Vénus même, en sa superbe nudité,
Avec un sceptre d'or, de nacre agrémenté !...
    VENISE, c'est.... c'est la Terre Promise,
C'est le Vieil Orient, vers le Nord transplanté,
En son étincelante et fraiche nouveauté !...
Félicité perdue, ici-bas reconquise !
C'est l'*ouvrage béni d'une Divinité !*

                Venise, 17 oct. 1869.

---

(1) Le poète Sannazar : *Romam hominem dicas, hanc posuisse Deum.*
(L'INTERMÉDIARE des *Chercheurs et Curieux.* 25 novembre 1869.)

LVMIERE
ENCORE
PLVS DE
1868